DANGER : REQUINS

POUR LA PRÉSENTE ÉDITION
Produit pour DK par WonderLab Group L.L.C
Jennifer Emmett, Erica Green, Kate Hale, *Fondatrices*

Éditrice Maya Myers; **Éditrice Photographies** Nicole DiMella; **Direction éditoriale** Rachel Houghton; **Graphisme** Project Design Company; **Recherches** Michelle Harris; **Rédactrice en chef** Lori Merritt; **Index** Connie Binder; **Traduction française** Stéphanie Lux; **Correctrice française** Sheila Malovany-Chevallier; **Experte sujet** Dr. Naomi R. Caldwell; **Spécialiste lecture** Dr. Jennifer Albro

Première édition américaine 2024
Publié aux États-Unis par DK Publishing, une division de Penguin Random House LLC
1745 Broadway, 20th Floor, New York, NY 10019

Traduction française 2025 Dorling Kindersley Limited
25 26 27 10 9 8 7 6 5 4 3 2 1
008-349061-August/2025

Publié en Grande-Bretagne par Dorling Kindersley Limited

Le présent ouvrage est répertorié dans le catalogue de la Bibliothèque du Congrès.
HC ISBN: 978-0-5939-6825-3
PB ISBN: 978-0-5939-6824-6

Imprimé et relié en Chine

La maison d'édition tient à remercier, pour leur aimable autorisation de reproduire leurs images :
h = haut ; c = centre ; b = bas ; g = gauche ; d = droite ; f = fond
123RF.com : bwf211 28hg ; **Alamy Stock Photo :** Abaca Press / Serge Leplege 38b, Steve Morgan 40hg, Nature Picture Library / Jeff Rotman 28b, Stephen Frink Collection 14hd ; **Ardea London :** Kev Deacon 13h, 15, P. Morris 7, D. Parer & E. Parer-Cook 21cg, Ron & Valerie Taylor 13 b, 14, 20, 21bc, 25h, 29h, 29b, 38h, 40 hd, Adrian Warren 21hd ; **Depositphotos Inc :** igorkovalcuk 3, 31cgb, richcarey 35c, Ruslan 26cgh, tanyapuntti 6cg ; **Dorling Kindersley :** Colin Keates / Natural History Museum, London 42hg ; **Dreamstime.com :** Heike Falkenberg / Dslrpix 18hg, Hollyharryoz 34hg, Isselee 35cb, Izanbar 16bd, Michele Jackson 24bc, Karenr 25hg, Shane Myers 4-5, Photon75 28fhg, Solarseven 45hd, Nikolai Sorokin 7hd, Thomaspajot 39hd, Aleksandar Todorovic 24cdb, Michael Valos 12 ; **Getty Images :** Image Source / Rodrigo Friscione 26-27b, The Image Bank / Reinhard Dirscherl 21cd, Universal Images Group / Education Images 41 ; **naturepl.com :** Andy Murch 36bc ; **The Ronald Grant Archive :** Jaws: The Revenge, 1987 © MCA / Universal Pictures 17hd ; **Science Photo Library :** BSIP LECA 42hd ; **Shutterstock.com :** Papa Annur 39clb, AntiD 24hg, Arnunthorn R 37cg, Michael Bogner 16cd, Rich Carey 37b, Fotokon 43, frantisekhojdysz 36cb, Shane Gross 17cgb, Simone Hogan 26hg, Matt9122 22hg, Francesco Pacienza 43b, Sytilin Pavel 27hd, Martin Prochazkacz 19hd, 35hd, wildestanimal 30bd

Illustrations de couverture : *Couverture :* **Dorling Kindersley :** Gary Hanna hd, Arran Lewis (Morula 3D) b ; *Quatrième de couverture :* **Dorling Kindersley :** Dave King / Jeremy Hunt (maquette)

www.dk.com

MIXTE
Papier | Pour une gestion forestière responsable
FSC™ C018179

Ce livre a été fabriqué avec du papier certifié Forest Stewardship Council™ — un des engagements de DK pour un avenir durable.
Pour plus d'informations :
www.dk.com/uk/information/sustainability

Niveau 4

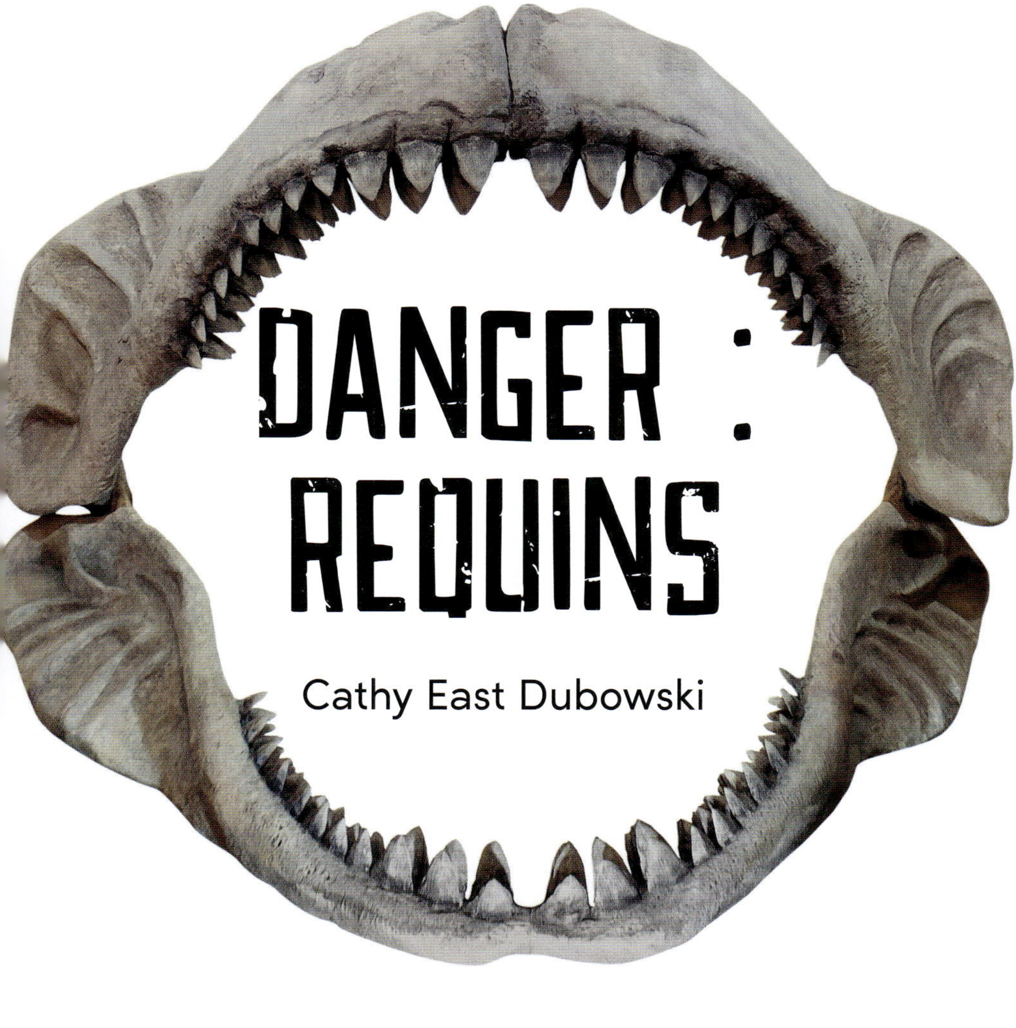

DANGER : REQUINS

Cathy East Dubowski

DK

CONTENTS

Paradis du surf
Le continent australien compte plus de 16000 miles (25750 km) de côtes.

Grande barrière de corail
La Grande barrière de corail, le plus grand récif corallien au monde, s'étend le long de la côte nord-est de l'Australie. Elle abrite plus de 1500 espèces de poissons, dont des requins.

QUAND LE REQUIN ATTAQUE

Rodney Fox n'avait plus beaucoup de temps. Il fallait qu'il trouve un gros poisson – et vite. Le jeune Australien participait à une compétition annuelle de chasse sous-marine. Pour gagner, il fallait qu'il trouve et harponne un gros poisson local.

Comme tous ses concurrents, Rodney avait un filin attaché à la ceinture de sa combinaison de plongée où étaient suspendus les poissons qu'il avait pêchés.

Rodney et les autres plongeurs chassaient depuis plusieurs heures. Ils avaient attrapé beaucoup de poissons, et une odeur de sang flottait dans l'eau.

Rodney visait un poisson avec son harpon quand soudain – **BANG !** – il a senti quelque chose le percuter sur le côté. Il a eu l'impression d'avoir été heurté par un sous-marin !

Super odorat
Les requins ont l'odorat très développé. Ils peuvent détecter l'odeur d'un poisson blessé et sentir l'odeur du sang jusqu'à un quart de mile (0,4 km) de distance.

En mouvement
Les requins remuent la tête de droite à gauche pour humer les odeurs flottant dans l'eau. Ce mouvement leur permet d'emmagasiner un plus grand nombre d'odeurs tout en nageant.

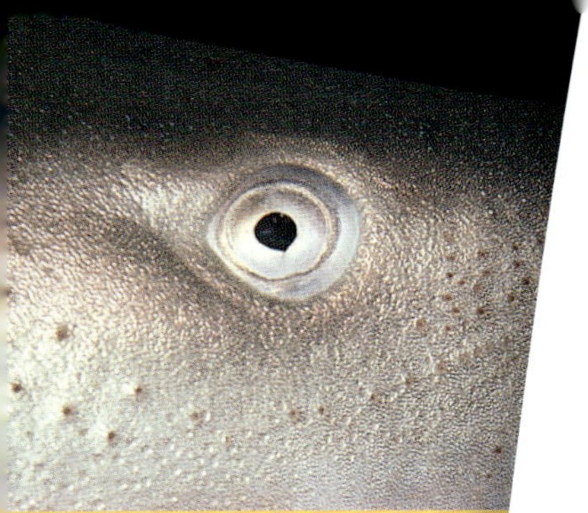

Les yeux du requin
En cas d'attaque, le grand requin blanc peut rouler ses yeux en arrière pour les protéger. Certains requins ont une membrane spéciale qui recouvre le globe oculaire comme un store.

C'était un grand requin blanc ! La force du choc a arraché son masque à Rodney et il a lâché son fusil harpon. Son épaule gauche a disparu dans la gueule du requin. Puis le requin l'a mordu au torse et dans le dos. Rodney s'est débattu pour se libérer. Il a donné des coups de poing au requin. Mais le requin a tenu bon et l'a secoué dans tous les sens. Puis Rodney s'est rappelé que le point faible du requin étaient ses yeux. De toutes ses forces, il a envoyé son poing dans l'œil du requin. Chance incroyable : le requin l'a lâché.

Rodney a pu remonter à la surface et respirer : il avait réussi ! Mais en regardant en bas, il a vu que le requin était à ses trousses. Et ses énormes mâchoires, où s'alignaient des dents aiguisées comme des lames de rasoir, étaient grandes ouvertes !

CLAC! Les mâchoires du requin se sont refermées une nouvelle fois. Le requin a englouti les poissons attachés à la ceinture de plongée de Rodney. Mais soudain, Rodney s'est senti entraîné vers le fond : il était toujours relié au filin !

Le requin l'entraînait dans les eaux sombres et profondes. Il a essayé de se débarrasser de sa ceinture de plongée, mais la boucle avait glissé dans son dos, hors d'atteinte.

Son temps était compté. Même si le requin ne le dévorait pas, Rodney allait se noyer.

Un requin impressionnant
Un grand requin blanc peut atteindre 20 pieds (6 m) de long, et peser jusqu'à 2,5 tonnes (2,3 t.)

Soudain, le filin a lâché. Rodney était libre ! Il est remonté comme il a pu à la surface et a appelé à l'aide. Par chance, non loin de là, des amis dans un bateau avaient vu que Rodney était en danger et l'ont vite tiré de l'eau.

Rodney était gravement blessé. Sa cage thoracique, ses poumons et le haut de son ventre avaient été ouverts par les dents du requin. La morsure avait broyé ses côtes et perforé un de ses poumons.

À l'attaque
Le grand requin blanc est l'espèce à laquelle on attribue le plus d'attaques sur les humains.

Rodney a immédiatement été évacué vers l'hôpital le plus proche. Une opération de quatre heures et 462 points de suture l'ont sauvé. Mais il garderait les cicatrices de la morsure du requin toute sa vie.

L'attaque dont a été victime Rodney a fait la une des journaux. Le public, de peur que ce genre d'attaques se reproduise, a demandé que des mesures soient prises pour débarrasser les abords des plages des requins. Mais Rodney n'était pas d'accord.

Dents mortelles
Le grand requin blanc possède plusieurs rangées de dents triangulaires, acérées et pointues. Il peut avoir jusqu'à 300 dents !

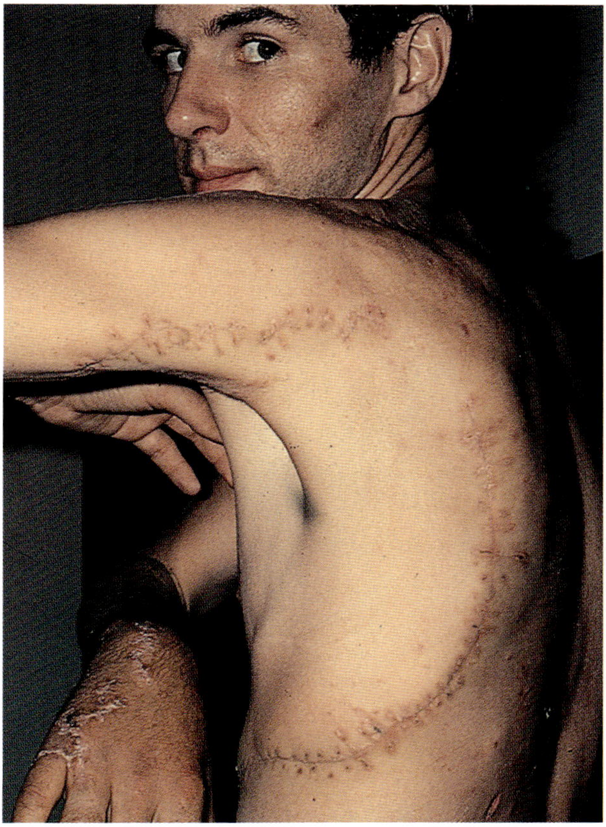

Rodney Fox est l'une des rares personnes à avoir survécu à la morsure d'un grand requin blanc.

Rodney ne voulait pas tuer les requins – il voulait au contraire en savoir plus sur la mystérieuse créature qui avait bien failli le tuer, lui. Il s'est alors lancé dans des recherches poursuivies toute sa vie pour en savoir davantage sur ces chasseurs silencieux des profondeurs de l'océan.

Quelques mois à peine après cette attaque, Rodney a recommencé à plonger. Et pour se rapprocher des requins, il a conçu et construit la première cage de plongée.

Plonger avec les requins

Des bateaux équipés de cages de plongée utilisent du « chum », une masse visqueuse de chair de poisson, pour attirer les grands requins blancs. Il ne s'agit pas de les nourrir, c'est une odeur que les requins peuvent détecter dans l'eau. Les plongeurs en cage ne sont pas autorisés à nourrir les requins. C'est dangereux à la fois pour les plongeurs et pour les requins !

Rodney est devenu conférencier et intervient lors d'événements sur la conservation et la plongée.

Une cage de plongée a la taille d'un petit ascenseur. Ses barreaux de métal très résistants sont suffisamment proches pour empêcher les requins de mordre les plongeurs et leur permettent d'observer les requins de près. Des flotteurs fixés sur le haut de la cage l'empêchent de couler.

Ces cages d'observation sont largement utilisées aujourd'hui. Elles permettent aux plongeurs et scientifiques d'étudier et de photographier les requins sans courir le même danger que Rodney !

ATTAQUES DE REQUINS : LES FAITS

Un poisson coriace
Le requin-bouledogue est l'un des rares requins vivant aussi bien en eau douce qu'en eau salée. Présents dans tous les océans, ils sillonnent les eaux chaudes et peu profondes près des côtes, là où les humains aiment nager. Ils s'aventurent aussi loin des océans, dans les rivières, les petites voies navigables, et même les lacs.

Tu as peut-être peur des requins, et tu n'es pas le seul. Les attaques de requins font des gros titres terrifiants, et des films comme Les Dents de la mer ont présenté les requins comme des tueurs sanguinaires. Pour beaucoup de gens, le simple fait de penser à un requin est terrifiant.

Le requin-tigre est suffisamment grand et puissant pour attaquer la plupart des animaux marins.

Le grand requin blanc est le plus redouté de tous les requins.

En réalité, les attaques de requins sont très rares. On a beaucoup plus de risques d'être renversé par une voiture ou touché par la foudre qu'être attaqué par un requin.

Il existe plus de 500 types de requins. Seule une trentaine d'entre eux ont déjà attaqué des humains. Mais trois sont considérés comme dangereux : le grand requin blanc, le requin-bouledogue et le requin-tigre.

Peur infondée Plusieurs livres et films à succès ont contribué à répandre une peur infondée des requins.

Le requin-bouledogue tient son surnom de sa férocité et parce qu'il donne souvent un coup de tête à sa proie avant de la mordre.

Risque faible
La foudre et les piqûres d'abeille font plus de morts parmi les humains que les attaques de requins.

Tu ne cours pas le même danger d'être attaqué par un requin partout où tu vis. On trouve des requins dans presque toutes les régions du monde, mais ils semblent préférer les eaux chaudes. La plupart des attaques ont lieu en Australie, au Brésil et en Afrique du Sud, ainsi qu'en Californie, en Floride et à Hawaï au États-Unis et souvent à proximité de plages très fréquentées où les gens nagent, font de la planche à voile ou du surf.

Ce symbole indique l'emplacement des attaques de requins mortelles enregistrées depuis le début des relevés.

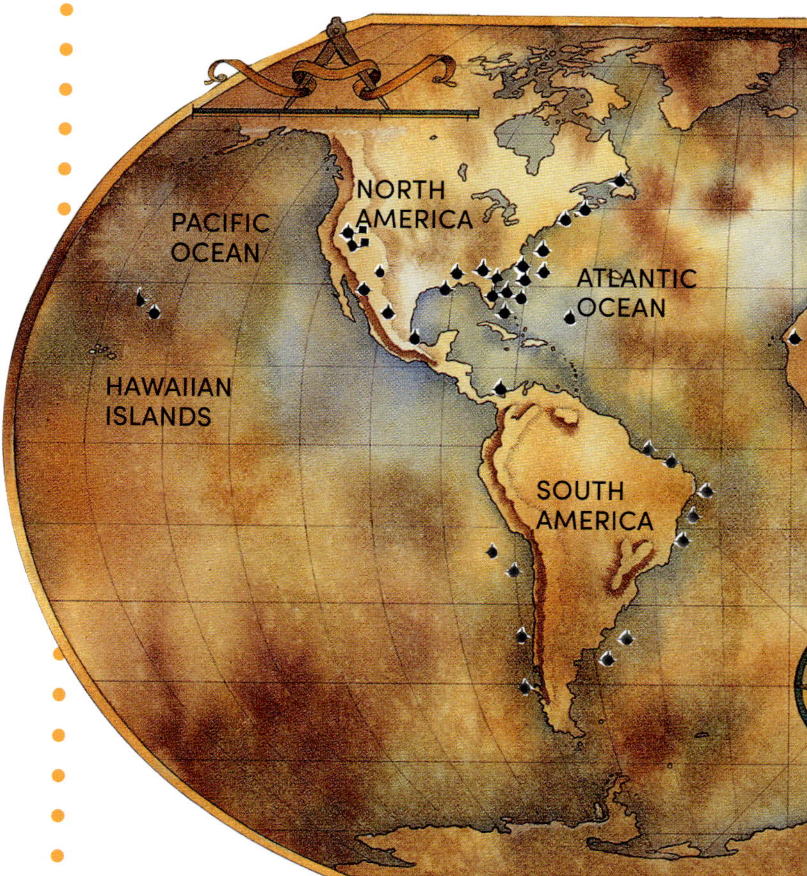

Vaste territoire
On trouve des grands requins blancs dans presque tous les océans de la terre, sauf dans les eaux très froides près des pôles nord et sud.

Les requins attaquent moins d'une centaine de personnes par an dans le monde entier. Grâce aux moyens de transport modernes et aux progrès des soins médicaux, les attaques sont rarement mortelles.

Les requins attaquent rarement les humains. La plupart du temps, ils les ignorent. Alors, qu'est-ce qui fait qu'un requin attaque ?

Nouvelles dents
Lorsqu'un requin perd une dent, une autre prend sa place. Un grand requin blanc peut ainsi avoir jusqu'à 20 000 dents au cours de sa vie.

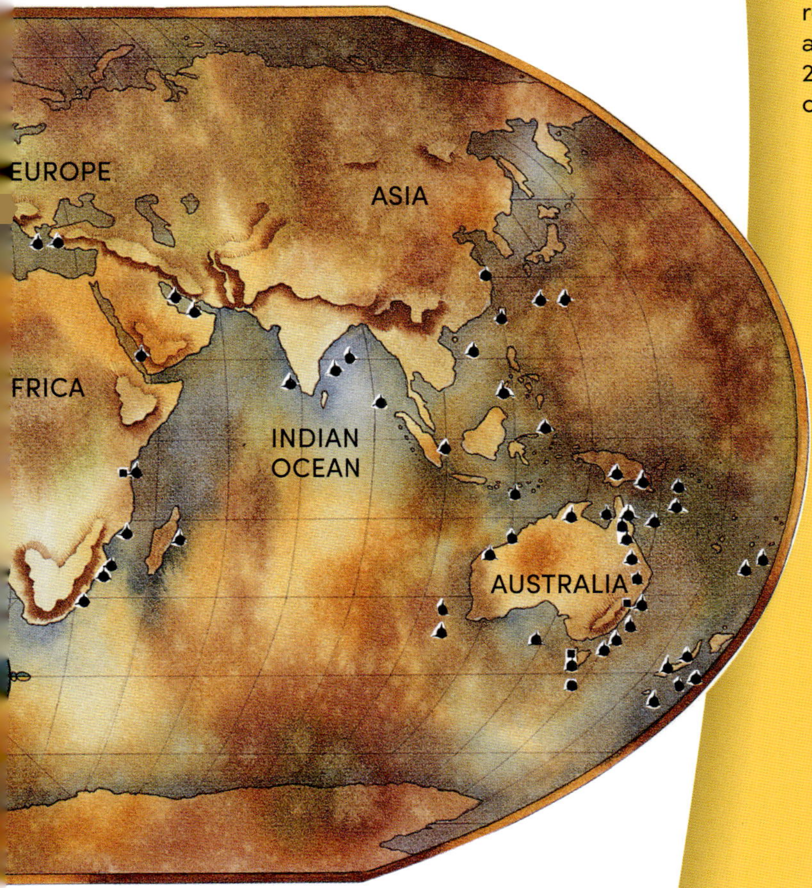

Certaines personnes pensent que les requins attaquent quand ils se sentent menacés. Un plongeur peut entrer sans le savoir sur le territoire d'un requin. Dans ce cas, en général, le requin ne mordra l'humain qu'une fois. Puis, plutôt que de dévorer l'envahisseur, il le relâchera. C'est sans doute ce qui est arrivé au plongeur Henry Bource. L'unique morsure d'un grand requin lui a coûté sa jambe.

Parfois, les plongeurs sont attaqués lorsqu'ils portent sur eux les poissons qu'ils viennent de pêcher. Le sang, ainsi que les mouvements frénétiques des poissons à l'agonie attirent les requins, qui détectent l'odeur du sang à une très grande distance.

Henry Bource

Il arrive qu'un requin attaque parce qu'il se trompe sur l'identité de sa proie. Pour un requin, un surfeur sur sa planche a la même forme qu'un phoque, sa nourriture préférée. Dès que le requin sent le goût de la planche, il la recrache et s'en va. C'est arrivé à de nombreux surfeurs, qui ont leur planche grignotée pour preuve !

Morsure de requin
Un requin-tigre de 13 pieds (4 m) a mordu la planche de ce surfeur à Hawaï, aux États-Unis.

Ce surfeur vu d'en bas par le requin ressemble à un phoque

Bouchée-test
Les requins ont des nerfs sensibles à la pression sous leurs dents. Il leur arrive de mordre juste pour tester le goût de quelque chose.

Gueule sensible
L'intérieur de la gueule du requin est couvert de petites papilles gustatives.

Un requin peut attaquer parce qu'il a faim. Les spécialistes des requins pensent que c'est un requin affamé qui a attaqué Raymond Short près d'une plage australienne très fréquentée.

Raymond nageait non loin de la plage lorsqu'il a été mordu par un requin. Six sauveteurs se sont précipités à son secours. Mais en ramenant Raymond vers la plage, ils se sont rendu compte que le requin n'avait toujours pas lâché sa jambe !

Il a fallu tirer Raymond jusque sur la plage pour que le requin le lâche.

Le requin avait une longue plaie sur le ventre. Il était gravement blessé. Les scientifiques pensent que le requin n'était pas assez en forme pour chasser sa nourriture et avait tellement faim qu'il a pris des risques inhabituels.

Étranges créatures
Il arrive qu'un requin vienne heurter un bateau avec son museau. On pense que c'est un moyen pour lui d'obtenir des informations sur l'embarcation.

Sécurité anti-requins
Ce bracelet électrique se fixe à la cheville ou à la planche de surf. Il fonctionne comme les barrières dans l'eau, près des plages.

REQUINS ET SÉCURITÉ

Les humains ont essayé diverses méthodes pour se protéger des attaques de requins lorsqu'ils explorent leur territoire.

L'une d'entre elles consiste à installer un grillage ou un filet anti-requins dans l'eau. Ces filets sont utilisés au large de nombreuses plages très fréquentées d'Australie et d'Afrique du Sud.

On utilise également des barrières électriques, car les requins ne traversent pas les courants électriques forts. Ces barrières ne font pas de mal aux requins. Elles les incitent juste à faire demi-tour.

Des filets anti-requins aux abords des plages fréquentées.

Pouvoirs du piment
Autrefois, les peuples aztèques accrochaient des guirlandes de piments à leurs canoës pour éloigner les requins.

Ils empêchent les requins d'entrer dans certaines zones.

Si tu es dans une zone à requins :

- Ne nage pas avec une coupure. Les requins détectent l'odeur du sang à plus d'un mile (1,6 km) de distance.
- Ne nage pas à la tombée de la nuit, c'est le moment où les requins cherchent leur nourriture.
- N'urine pas dans la mer. Les requins sont attirés par l'odeur.
- Ne nage jamais seul.
- Si tu es dans l'eau et que l'on signale un requin, sors tout de suite de l'eau.

Pris au piège
Le gros problème des filets anti-requins, c'est qu'ils piègent toute sorte de requins, mais aussi d'autres animaux, comme des dauphins, des tortues marines ou des baleines. Parfois, les animaux ne parviennent pas à se sortir du filet et meurent.

Question de couleur
Selon les spécialistes, on réduit le risque d'attirer l'attention d'un requin en évitant de porter un maillot de bain de couleur vive. Les requins percevant bien les contrastes de couleurs, un maillot de bain rouge vif peut donc les attirer.

Il vaut mieux laisser ses bijoux à la maison. Ils risquent de refléter la lumière dans l'eau, ce qui peut rappeler aux requins les reflets des écailles des poissons, proies préférées de la plupart d'entre eux.

Plusieurs personnes ont tenté d'inventer un répulsif chimique anti-requins. Pendant la Seconde Guerre mondiale, l'US Navy a développé un répulsif à base de produits chimiques et de colorants. Appelé Shark Chaser (« Chasseur de requins »), il libérait de l'encre noire, censée protéger les pilotes qui se crasheraient en mer. Il était censé éloigner les requins. Mais l'encre se dissolvait trop rapidement.

Les plongeurs qui étudient et filment la vie sous-marine se retrouvent souvent nez à nez avec des requins. Les documentaristes australiens Valerie et Ron Taylor ont développé un moyen pour nager parmi les requins en toute sécurité.

Lors d'une sortie en mer, les Taylor ont remarqué qu'un membre de l'équipage portait des gants en maille d'acier inoxydable pour protéger ses mains quand il nettoyait les poissons.

Ils ont alors eu une idée : pourquoi pas une combinaison en maille pour protéger les plongeurs des requins, comme les cottes de mailles des chevaliers ?

Ils ont conçu une combinaison composée de 400 000 mailles d'acier inoxydable. Mais pour la tester, il fallait que quelqu'un la porte dans l'eau et serve d'appât au requin !

Armure
La cotte de mailles était l'armure des chevaliers au Moyen-Âge (5e –16e siècles). Comme un tissu en mailles, elle était flexible et les protégeait des coups d'épées et des flèches.

Dentition
Les requins n'ont pas tous les mêmes dents. Certains ont des dents pointues et incurvées pour saisir leurs proies. D'autres des dents plates pour broyer les animaux à coquille dure, comme les palourdes.

Les Taylor ont fait un test au large des côtes californiennes. Ils ont lâché des morceaux de poisson cru dans l'eau pour attirer les requins. Valerie a enfilé la combinaison en cotte de mailles par-dessus sa combinaison habituelle et a plongé dans l'eau au milieu des morceaux de chair de poisson.

Plusieurs requins se sont approchés. Valerie a agité un morceau saignant devant elle pour les appâter. Soudain, un requin lui a mordu le bras ! Elle était secouée, mais indemne.

Le plongeur est protégé des requins par une combinaison en cotte de mailles.

Le requin l'a mordu plusieurs fois, sur tout le corps. C'était effrayant, mais les dents n'ont pas traversé la maille. La combinaison avait fonctionné !

Il y a malgré tout eu quelques moments d'inquiétude. Un requin a réussi à enlever le gant de Valerie et l'a mordue au pouce. Heureusement, elle a réussi à se dégager.

Certains détails devaient encore être améliorés. Mais grâce au courage de Valerie, la première combinaison anti-requins pratique venait d'être inventée !

Sauver sa peau
Les petits anneaux de la cotte de mailles empêchent les dents du requin de mordre la peau. Mais le plongeur s'en sortira tout de même des avec bleus.

Valerie dans sa combinaison en cotte de mailles

LES REQUINS VUS DE PRÈS

Les requins sillonnent les océans du monde entier depuis près de 400 millions d'années. Ils sont sont encore plus vieux que les tout premiers dinosaures ! Les requins d'aujourd'hui ressemblent toujours beaucoup à ceux d'autrefois.

Le plus gros des requins disparus s'appelait mégalodon. Les mâchoires de ce terrifiant prédateur faisaient plus de 6 pieds (1,8 m) d'envergure. Il pesait près de 10 000 livres (4535 kg) et atteignait la taille impressionnante de 54 pieds (16 m). Soit presque trois fois plus que le grand requin blanc d'aujourd'hui.

Effrayants fossiles
Quelques-uns des premiers requins ont laissé des empreintes fossilisées lorsqu'ils sont tombés au fond de l'océan et ont été recouverts par le sable. Souvent, les parties dures, comme les dents, ont aussi été fossilisées.

grand requin blanc

Avec l'extinction des dinosaures sur terre, lesrequins ont régné sur les océans. Ils sont devenus les principaux prédateurs, chassant baleines, dauphins et calmars géants. Ces repas géants de poissons et vie marine expliquent les tailles gigantesques des requins.

Méga-dents
Chacune des dents du mégalodon était aussi grande qu'une banane.

Dimensions
Les dents d'une espèce de requin disparue peuvent aider les scientifiques à estimer la taille de l'animal.

mâchoires du mégalodon

Des dents qui durent
Il faut à peu près 10 000 ans pour qu'une dent de requin se change en fossile.

Le requin a su évoluer pour survivre et chasser sous l'eau. Son squelette incroyablement flexible est fait de cartilage, comme notre nez et nos oreilles !

Le requin a les mêmes cinq sens que les humains – vue, ouïe, odorat, goût et toucher. Mais sa capacité à chasser les proies en eaux troubles est due à deux autres sens assez extraordinaires. Une « ligne latérale » court sur les flancs du requin. Il s'agit d'une ligne de points

Peau de requin
La peau du requin est couverte de petites écailles qui ressemblent à des dents et qu'on appelle « denticules ». Avant l'invention du papier de verre, on utilisait de la peau de requin pour poncer le bois !

sensibles à la pression sous-cutanée, qui permet au requin de percevoir d'infimes vibrations dans l'eau. Sur la tête du requin, on trouve de petits pores appelés ampoules de Lorenzini. Grâce à elles, le requin sent les faibles signaux électriques émis par tous les êtres vivants.

Diversité des espèces
Les œufs de requin peuvent avoir des tailles et des formes très différentes. Le requin-buffle pond des œufs en forme de spirale !

Les requins sont des animaux solitaires – ils vivent, nagent et chassent seuls. Les scientifiques ne savent pas grand-chose de leur cycle de vie. Ce que l'on sait, en revanche, c'est que les requins sont très lents à se reproduire. Certains requins n'atteignent la maturité sexuelle qu'à onze ans. Et lorsqu'ils se reproduisent, ils ont très peu de bébés. Les requins font donc tout pour les protéger. Certains pondent des œufs avec des enveloppes très résistantes. D'autres donnent naissance à des bébés pleinement formés. Les petits sont déjà assez grands à la naissance, ce qui leur donne une plus grande chance de survie.

œufs

Indépendants
Les chiots savent nager et chercher leur propre nourriture dès la naissance.

bébés requins

Bienvenue, bébé requin !
Un requin nouveau-né est appelé un bébé requin.

Les requins peuvent manger de tout – mais tous les requins mangent de la viande. Beaucoup se nourrissent de petits poissons et d'animaux tels que les homards et les méduses, bien que des boîtes de conserve et des sacs en plastique aient également été retrouvés dans l'estomac d'un requin !

Certains grands requins chassent des animaux plus grands, comme les phoques, les pingouins, et même d'autres requins.

requin pèlerin

Gentils géants
Le requin pèlerin a une gueule énorme, mais de toutes petites dents.

Ces grands requins ont dans la gueule des poils comme des dents de peigne pour filtrer la nourriture. Ils nagent la gueule grande ouverte pour attraper du plancton, un mélange de tout petits animaux et végétaux.

méduse

phoques

Attaque surprise
Les requins-anges et les requins-tapis ont un corps plat qui leur permet de se cacher au fond de l'océan. Ils s'enfouissent dans le sable pour guetter les poissons et autres proies.

requin-ange

Tu es sûr de savoir à quoi ressemble un requin ? Quand on pense à un requin, on voit souvent la forme classique du grand requin blanc. Mais il existe des requins de toutes les tailles et certains ont une forme très inhabituelle.

Beaux yeux
Avec ses yeux placés aux extrémités de sa longue tête rectangulaire, le requin-marteau voit même ce qui se passe derrière lui.

requin-marteau

requins-lanternes

Le plus grand requin est le requin-baleine. Il peut atteindre 40 pieds (12,2 m) de long et peser jusqu'à 13 tonnes (13,2 t), ce qui fait de lui le plus grand poisson du monde. Le plus petit requin du monde est le requin-lanterne. Il ne dépasse pas les 8 pouces (20 cm) ! On l'appelle requin-lanterne parce que ses yeux brillent dans le noir.

requin-buffle

Prise colorée
Les requins-buffles mangent des oursins rouges géants, qui colorent leurs dents d'un brun rougeâtre.

requin-tapis

requin-baleine

pendentif en dent de requin

LES REQUINS EN DANGER

Pendant des siècles, les humains ont eu peur des requins. Mais aujourd'hui, les requins ont bien plus à craindre des humains. La surpêche menace de nombreuses espèces d'extinction.

On chasse les requins depuis longtemps. Leur chair et leurs dents ont été utilisées pour se nourrir, pour fabriquer des armes et même des bijoux, mais le nombre de requins capturés n'était pas une menace pour la population de requins.

Aujourd'hui, avec les méthodes de pêche modernes, jusqu'à 100 millions de requins sont tués chaque année. Résultat, la population de certaines espèces a chuté de 80 % au cours des dix dernières années.

requin capturé

Les requins sont souvent tués par accident parce qu'ils sont piégés dans des filets de pêche. Les pêcheurs gardent les poissons et rejettent les indésirables requins (morts) à la mer.

Beaucoup de requins sont aussi tués pour le sport. Les gens qui chassent et tuent des requins peuvent paraître courageux, mais en réalité ils ne sont jamais en danger. Les mâchoires de requins font des trophées clinquants vendus très cher aux touristes.

Ce chasseur de requins expose les mâchoires de ses victimes sur son bateau.

Pêche à la palangre
Cette pratique consiste à utiliser une ligne avec plusieurs milliers d'hameçons pour appâter les poissons. Lorsqu'un requin mord à l'hameçon, il est lui aussi piégé.

Piégés
Les prises accidentelles ou indésirables sont des poissons ou autres animaux marins qui se retrouvent pris dans les filets commerciaux et sont remis à l'eau. Ils sont souvent blessés, et parfois ils meurent.

Pêche aux ailerons
Les requins ne peuvent pas nager sans leurs ailerons. Ils sombrent au fond de l'océan et finissent par mourir.

Appétit meurtrier
La pêche aux ailerons est interdite dans de nombreux pays, mais étant donné qu'il s'agit d'un plat recherché, la pratique persiste.

Si les requins sont en danger, c'est aussi parce qu'on mange leur chair dans de nombreuses parties du monde. En Asie, la soupe d'ailerons de requin est un mets coûteux. Les pêcheurs gagnent tellement d'argent avec les ailerons de requin que certains pratiquent ce qu'on appelle la « pêche aux ailerons » : ils pêchent un requin, coupent ses ailerons, et le rejettent à la mer.

Dans certains pays, le cartilage de requin réduit en poudre sert de base à des comprimés.Certaines personnes croient qu'ils peuvent guérir presque tout, des maladies cardiaques au cancer. Ces croyances sont en grande partie fausses.

Les ailerons de toutes les espèces de requins sont utilisés pour la soupe aux ailerons.

On tanne aussi la peau de requin pour faire des ceintures ou des portefeuilles vendus très cher.

L'une des parties les plus précieuses du requin est son foie. L'huile extraite du foie du requin entre dans la composition de nombreux produits : nourriture pour animaux, engrais, rouge à lèvres ou crème solaire, alors qu'on pourrait utiliser des huiles végétales naturelles à la place.

Attention aux étiquettes
La viande de requin est parfois vendue sous d'autres noms, comme saumon de roche, squale ou émissole.

À la surface
La peau de requin ressemble à du papier de verre et empêche les algues de s'y accrocher. Des scientifiques ont créé un revêtement qui l'imite. Il est utilisé dans les hôpitaux pour empêcher les microbes de se fixer sur les surfaces.

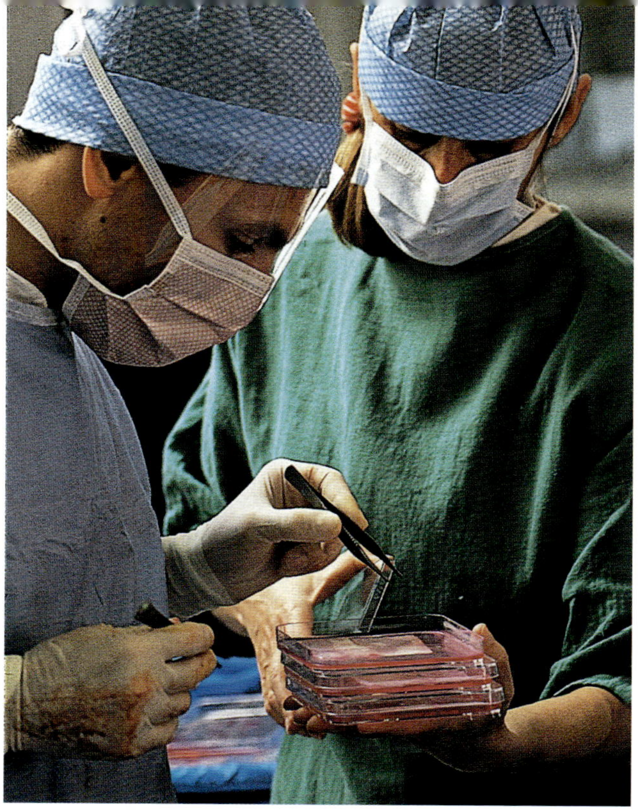

Médecins utilisant de la peau artificielle produite à base de cartilage de requin.

Si nous n'arrêtons pas le massacre des requins, ils risquent de disparaître. Quelles seraient les conséquences de leur disparition ?

Les scientifiques ont découvert nombre de choses étonnantes sur les requins, et nous avons beaucoup à apprendre de ces créatures très anciennes. Les requins pourraient même bien nous sauver la vie un jour.

Équilibre
Les requins sont importants car ils maintiennent l'équilibre et la bonne santé de leur écosystème, les plantes et animaux qui vivent dans l'océan.

Par exemple, des chercheurs ont trouvé que le squalène, une substance chimique produite par le foie et l'estomac du squale, ralentit la croissance des tumeurs chez les humains.Quant au cartilage de requin, il est utilisé pour fabriquer de la peau artificielle pour les grands brûlés.

Les requins ont un système immunitaire très développé, ce qui veut dire qu'ils ne tombent pas souvent malades. Leurs coupures et autres plaies guérissent très vite. Et ils développent moins de cancers que les autres animaux, même lorsque les scientifiques leur injectent des cellules cancéreuses lors de tests en laboratoire.

Pourquoi ? On ne le sait pas encore. Mais étudier les requins pourrait aider les médecins à soigner les maladies des humains.

À vos marques, prêts, partez
La peau du requin lui permet de se déplacer dans l'eau en douceur. Des scientifiques ont conçu une combinaison imitant la peau de requin pour les nageurs.

Ce grand requin blanc a été blessé par une proie se débattant, mais ses plaies guériront vite.

Sécurité en mer
Un sanctuaire marin est une zone océanique qu'on délimite pour préserver la vie marine. Les Palaos, pays insulaire de l'océan Pacifique, ont créé le premier sanctuaire de requins en 2009. La pêche y est interdite.

Plus nous en savons sur les requins, plus nous apprenons à les admirer et les respecter. Évidemment, la plupart des gens n'ont aucune envie de se retrouver nez à nez avec un grand requin blanc, comme Rodney Fox ! Mais on peut aller voir des requins dans les aquariums et regarder les fascinants documentaires de réalisateurs de films sous-marins. On peut même plonger pour voir les requins dans leur milieu naturel.

L'aquarium, l'endroit idéal pour voir un requin en toute sécurité !

Les requins sont des créatures fascinantes, intelligentes et gracieuses. Seules quelques espèces de requins sont dangereuses. Il est vraiment très rare qu'ils attaquent les humains. Leur réputation de tueurs sanguinaires est fausse et injuste.

Les requins vivent sur notre planète depuis bien plus longtemps que nous. Ce serait une tragédie que les humains les fassent définitivement disparaître de nos océans.

Survivants
Lorsqu'un astéroïde a anéanti les trois quarts de la vie sur terre, dont les dinosaures, certains requins ont survécu. Pourquoi ? Depuis plusieurs millions d'années, ils ont su s'adapter aux changements survenus dans leur régime alimentaire et leur habitat.

GLOSSAIRE

Ampoules de Lorenzini
Sortes de pores sur la tête du requin lui permettant de détecter de faibles charges électriques dans l'eau.

Aquarium
Grand réservoir d'eau où l'on garde les animaux marins pour que les gens puissent les voir en toute sécurité.

Cage de plongée
Petite cage en métal protégeant les plongeurs des requins.

Cartilage
Substance à la fois résistante et flexible dont se compose le squelette du requin. Le nez et les oreilles des humains sont également faits de cartilage.

Chasseur de requins
Mélange solide de produits chimiques et de colorants en forme de gâteau censé protéger les humains des requins.

Combinaison en cotte de mailles
Combinaison de plongée faite de milliers de petits anneaux d'acier inoxydable. Elle protège les plongeurs des morsures de requin.

Denticules
Petites écailles en formes de dents qui recouvrent la peau du requin.

Extinction
Disparition d'une espèce végétale ou animale.

Filet anti-requins
Filet tendu sous l'eau pour empêcher les requins d'approcher les nageurs aux abords des plages fréquentées.

Fossiles
Restes d'animaux ou de plantes vivant il y a plusieurs millions d'années. On trouve souvent les fossiles encastrés dans des roches.

Ligne latérale
Ligne de points sur les flancs du requin qui aide l'animal à sentir les vibrations dans l'eau.

Mégalodon
Le plus grand requin ayant jamais vécu. Il a disparu il y a plus de 10 millions d'années.

Pêche sous-marine
Pêche pratiquée sous l'eau avec un fusil harpon.

Plancton
Tout petits animaux et végétaux vivant dans la mer.

Squalène
Précieuse substance chimique qu'on trouve dans le foie du requin et qui a de nombreuses applications médicales.

INDEX

QUIZ

Réponds aux questions pour voir ce que tu as appris. Puis regarde les réponses en bas de page.

1. Rodney Fox s'est souvenu que le point faible du requin était… ?
2. Quels sont les trois espèces de requins considérées comme les plus dangereuses ?
3. Vrai ou faux : en général, les requins ignorent les humains dans l'eau.
4. Qu'ont inventé Valerie et Ron Taylor ?
5. Vrai ou faux : les requins sont plus vieux que les dinosaures.
6. De quoi est fait le squelette du requin ?
7. Quel est le plus grand requin du monde ? Et le plus petit ?
8. Quelle activité humaine explique que certains requins soient menacés d'extinction ?

1. Ses yeux 2. Le grand requin blanc, le requin-bouledogue et le requin-tigre 3. Vrai 4. Une combinaison anti-requins 5. Vrai 6. De cartilage 7. Le requin-baleine / Le requin-lanterne 8. La surpêche